Claudia Simone Dorchain
Zeichen am Wege

Claudia Simone Dorchain

Zeichen am Wege

Lyrik

Re Di Roma-Verlag

Bibliografische Information der Deutschen Nationalbibliothek:
Die Deutsche Nationalbibliothek verzeichnet diese Publikation in der Deutschen Nationalbibliografie; detaillierte bibliografische Daten sind im Internet über http://dnb.ddb.de abrufbar.

ISBN 978-3-86870-169-2

Umschlagbild: "Der Traum" von Odilon Redon

www.rediroma-verlag.de
9,95 Euro (D)

"Das Eine Sein
ist für die Augen unerkennbar.
Doch du kannst es ahnen
durch die Zeichen am Wege."

Parmenides, griechischer Philosoph (540-483 v. Chr.)

Inhalt

Was ist ... 9

I. Radix
2000 ... 10
Der Becher ... 10

II. Blutjugend
1992-1996 ... 11
Eins ... 11
Fragment ... 12
Lied der Trommlerin ... 13
Fieber ... 14
Stern und Satellit ... 15
Stadt ... 16
Das Pergament ... 17

III. Gezeiten
1996-1999 ... 18
Sommer ... 18
Hitze ... 19
Rose ... 20
Herbst ... 21
Fahrt ... 22
Nacht ... 23

IV. Götter und Helden
1996-2000 24
Der Verbannte 24
Tod der Sphinx 25
Dämmerung 26
Wanderer, kommst du an mein Grab… 27
Bekenntnis 28
Erynnien 29

V. Im grünen Schleier
2000-2007 30
Mittagsdämon 30
Nocturne 31
Verschlossen 32
Gretchen 33
La Folie 34

VI. Unvergeben 35
2007-2009 35
Verzeih mir 35
Wie alle 37
Was war 38
Für den, dessen Hände ich nicht zu halten vermochte 39

VII. Exil
2009 41
Genealogie, erzählt 41
Berlin 43
Ostberlin 45
Juli 2009, Paris-Berlin 46

Und ewig pfeilschnell rast die Zeit 47

VIII. Asyl Sprache 1999-2009 .... **48**
Pagat 48
Unterschied 49
Dichter 50
L´ homme armé 51
Nur Mut 52

IX. Enden, endlich 2009 .... **53**
Verführung 53
Sterben 54
Abschied 55
Schlaf 56
Stummes Lied 57
Endlich 58
Für alles, was entsteht 59

Essay: Selbstvergewisserung oder Untröstlichkeit? – W. B. Yeats: "To his heart, bidding it have no fear" und Matthew Arnold: „Dover beach" 60

Was ist

Ich sage nur, was ist,
denn was ist, bist

Ich sage nicht, was nicht ist
denn was nicht ist, icht

I. Radix
2000

Der Becher

An einem blauen Junitag,
Sonne im Zenith, wolkenloser Abgrund über mir,
in einem Gelass von Trümmern,
knochenweiß, Spinnenfingerlichte,
und schräger Lichtstrahl von draußen,
fand ich den Becher.

Schiefrund war er, barocke Perle,
kupfernes Liebespfand, aus der tändelnden Hand
gefallen,
Auroras Kranz, strahlend, schief,
Athenas Panzer, rostig und verbeult,
siegreiche Göttin im zerrissenen Kleid,
Beute ohne Trunk.

Alle gefundenen Dinge singen,
müder Brunnenrand, von Patina beschäumt,
trunkenes Lied, leise raunend der Frosch im Traum,
Becher und Kugel in einem, Prinzessin!
Jahre gehen, und ich tauche die Stirn
in den Becher.

II. Blutjugend
1992-1996

Eins

Ferne bedeutet Fernsein von dir,
nur was nicht zählt, bleibt lange haften,
im traumverwobenen Spalier
sah kopflos ich dich in Sternlandschaften.

Mein Leben wird reicher alle Zeiten
jenseits der Ränder, wo die Worte fallen,
dein Bild wird mich in dunkler Nacht begleiten,
und sieh, das Fallen ist in allen.

Wir zählen Tage, als ob wir tausend hätten,
und haben doch im Glück nur Stunden.
Wir sammeln Lasten, hängen an den Dingen,

und sterben allzu früh in unsern Betten.
Was mir wert ist, hab ich geliehen und gefunden,
und was ich jetzt beginne, werd´ ich nie vollbringen.

Fragment

...
Im Gepäck ein Seestern
und nichts als Weite ringsumher,
und Wildheit, Wind und Nacht und Wellen,
wo war ich, als ich, wild in wilder Welt,
unbändig alle Sterne fütterte?
Die wütenden, die Glitzerbündel,
sie fraßen mir aus der Hand.

Lied der Trommlerin

Die Schuhe zerrissen, der Rock ist zerfetzt,
ich sitze und wache nach fremdem Gesetz
im Fellkleid und schlage die Trommel.

Die Stimme ist brüchig, doch sie trägt mich fort,
kein Mensch bleibt stehen an diesem Ort,
ich sitze und schlage die Trommel.

Die Zinnen aus Erz, aus Eisen, aus Stein,
in dieser Stadt lädt mich keiner zu sich ein,
ich sitze und schlage die Trommel.

Die Sonne sinkt, das hab ich tausendmal gesehen,
bevor der Morgen kommt werd´ ich schon gehen,
noch sitz ich und schlage die Trommel.

Fieber

Königskerzen brennen ab
dichte Fackeln
gelb und violett
schwelen in der Mittagshitze
atemlos
harren die Zöllner
an der flirrenden Grenze.

Passieren mit geschlossenem Mund

Stern und Satellit

Bist du der Fremde, den als Kind ich sah,
im grünen Strahlenkranz erschreckend anzusehen?
Bist Du ein Weiser aus der müden Schar
der Könige, die als zerlumpte Diener gehen?

Bist du der jäh Ertrinkende im See,
in der Untiefe von tausend leeren Jahren?
Bist du drei Tropfen Blut im Schnee,
der bittren Frucht erinnertes Gebaren?

Du bist das Netz, das meine Hand entrollt,
voll goldner Flut, voll Fische, Schlangen,
im Morgen ohne Wiederkehr.

Du bist auch Licht, das ich nur halb gewollt,
der Abglanz, nächtlich-irr auf meinen Wangen,
von Lust und Spiel und Nimmermehr.

Stadt

Wo bist du, Stadt aus blühendem Granit,
wo sich der Türme Wunderwerk so spiegelt,
und an der Ecke sinnen Faun und Eremit,
wo bist du, Traum, nackt und versiegelt?

Wo sinnst du still im Morgenglanz der Welt,
du Grausame, die wie mit Geisterkralle,
die wie ein schwarzer Raum durch Blitz erhellt,
mir lächelnd zeigt und schließt die Halle?

Das Tor verschlossen, deine Lippen fest,
ich sehe die Schar den Berg hinan,
die große Schar der Erben.

Bin ich wie sie? Ein kleiner Rest,
so stetig vorwärts, träumt von Kanaan,
ich schaudere. Ihre Kinder sterben.

Das Pergament

Ein ungeborenes Lamm gab seine Haut,
ich schnitt es aus seiner Mutter heißem Bauch
und wusch das schwarze Blut von meinen Händen.

Der Gerber machte einen Bogen,
ich legte ihn in meinen hohen Schrein
aus Rosenholz und schloss die Lade.

O Pergament, wie hab ich dich betrogen,
ich barg dich feig in Lethes schalem Wein,
im Kleid der müden Scheherazade.

Andere konnten dich bemalen und wenden,
spannten dich als Trommelfell zum Brauch -
ich hab aus dir ein Puppenhaus gebaut.

III. Gezeiten
1996-1999

Sommer

Halt an die große Sonnenuhr,
noch rinnt ihr feiner Sand,
gezählt, doch nicht gelebt.

Auf Schlangenpfaden rollt der Tag.

Nicht ich, ein Kind nur
hält dich an.

Hitze

Eulenäugig
sitzt die Göttin im Gras
Grillen zirpen
einen schwindligen Gesang
der Trunkenheit
das Echo in meinem Blut
lässt mich taumeln
gegen die Mauer aus Sand

Rose

Nicht die mystische Rose suche ich
versteckt im spitzen Gebälk der Kathedrale
Ehrfurcht gebietend vom gotischen Bauherrn
vollkommen an Maß und Zahl.

Nicht diese, die andere Rose suche ich
die schöne und stille im blicklosen Tal
unbeachtet zur Sonne öffnet sie sich
ältere Schwester der Lilie.

Blüht sie mir, blüht sie dir
plötzliche Schönheit; Allen, oder keinem?
Vielleicht rankt sie gerade jetzt

um die im Windstoß klappernden Tore
des Totenackers, oder im verschlossenen Garten,
gespiegelt im schwankenden Himmelsmeer.

Herbst

Der Hain schweigt unter schwarzen Brauen
entlaubter Buchen nächtlich in den Himmel,

am Aderwerk der Blätter starrt verblutet
zahlloser Wimpernschläge trübe Flur.

Kein Vogelschrei zerschneidet unheiliges Violett,
im schweren Schoß rollt die verfaulte Frucht.

Fahrt

Wir sind Boote auf nächtlichen Gewässern
keiner sah je den anderen
aber manchmal
halten wir die tropfenden Ruder an
und lauschen

Nacht

Aus meinen Locken tropft taufeuchte Nacht,
leise! wir sind erst zur Hälfte erwacht,
im Kreuzfenster flackern die Lichter,
lächelt der Schattenmund dichter.

Leise! Wir sind erst zur Hälfte erwacht,
am brüchigen Fries, am Abend vollbracht,
lächelt der Schattenmund dichter,
erglühen fremde Gesichter.

Im Kreuzfenster flackern die Lichter,
der staubige Mantel der Richter
im Faltenwurf liebesmüd lacht,
aus meinen Locken tropft taufeuchte Nacht.

IV. Götter und Helden
1996-2000

Der Verbannte

Jeder Gang ist ein Gang ohne Gebärden,
sag, wohin?
Dein Mund umfasst noch das strahlende Licht,
und die Lampe zittert in der trunknen Hand.

Tod der Sphinx

Der Himmel ist geronnen Blut,
kein Stern will wieder scheinen,
die Sphinx ist tot! Die Sphinx ist tot!
Und alle Höllen weinen.

Orchestergleich der Erdenkreis,
die Mörderhand ist gesunken,
der De-Profundis-Sang ist leis,
die Nacht hat ihn getrunken.

Bin ich noch Mensch, Gott, Held?
Mein Auge misst die dunkle Welt,
ich wollt sie steigern, doch sie fiel…

Leer bin ich, ohne Sehnsucht im Exil,
bin ohne Feind und ohne sein Vermissen,
werd mich selber töten – oder küssen.

Dämmerung

Die Sphinx ist tot,
die Pranken starr,
zerbrochen liegt das Tor, bannfrei.

Ich Titan
stammle mit Händen
die Sprache der Sieger in den Himmel.

Wanderer, kommst du an mein Grab…

Wanderer, kommst du an mein Grab
sprich mit keinem, sondern lausche

Hör die listigen Zikaden summen
hypnotisch warm im Erdgeruch

Lächelnde Gebeine kennen
keinen Gott außer Mars ultor

Bekenntnis

Ich bekenne,
keine Bekenntnisse zu machen,
der Altar des unbekannten Gottes
liegt einsam in meinem Herzen,
einsamer als Nietzsches Kohle,
die immerhin weiß, woher sie stammt,
Umrisse und Fundort je zeichnen könnte
von einem heillosen Heiland,
für den ich nicht arm genug bin.
Von Zeit zu Zeit jedoch
suche ich den Larenschrein der Alten,
er ruft mich im Traum, fern und bronzen,
und vielleicht bin ich glückbar, weil er mich ruft,
auch wenn ich immer unerreicht aufwache,
denn es bleibt vorläufig beim Opfer
von Milch und Blut
für die Manen.

Erynnien

Ihr bleibt nichts schuldig
und niemand bleibt euch schuldig
in Hass geronnene Weiblichkeit
infiziert die Träume
Succubi der Rache

V. Im grünen Schleier
2000-2007

Mittagsdämon

Am hellen Tag
liegt die Nacht auf meinen Brauen
beschattet mein Auge
blau wird zu schwarz

Gleißende Sonne
zieht Kreise auf meinen Wangen
ungeweinte Tränen
fluten in meinen Hals

Spiegel, plötzlich:
Die Dämonin
mit gelben Lemurenaugen
sitzt an Hels Tisch
und prostet mir zu

Nocturne

Alles scheint unverändert
doch meine Seele ist voll Unrast

in der Nacht
wache ich auf und in Dir, meinem Haus
haben Einbrecher gehaust

Verschlossen

Bist Du Schlossherr,
öffne die Kammern,
Blaubarts Zeiten sind vorbei,
auch die Tonnen vom Blut der Erschlagenen
blinken freundlich im Mittagslicht.

Generalpardon für die toten Geliebten,
altmodisch gekleidet und schlecht frisiert außerdem,
Leichen wie rosenfarbene Puppen im Gras,
die sanfte Luft umspielt schon neue Gäste,
charmant plaudert man auf der Terrasse,

Du Schlossherr lenkst die Debatte,
doch unruhig wendet sich Dein Blick
zur Golem-Armee im Keller.

Gretchen

Deine Hände sind kahl wie entlaubte Bäume,
die Linien verwischt im Drill, deine stille Qual,
und du, du Süße, Mädchen ohne Träume,
spielst endlos Schicksal oder Wahl.

Deine Füße sind müde wie zugerittene Fohlen,
die Schritte abgezirkelt, deine Schmerzen stumm,
und du, du Ahnungslose, Feuer ohne Kohlen,
bereitest Liebestrank und Morphium.

Gretchen, schau mir ins Gesicht,
ich bin getroffen wie vom Pfeil,
dass es noch deine blauen Lichter gibt.

Gretchen, lüge nicht,
deine Verstellung blitzt wie Beil,
du hast doch nur den Anderen geliebt.

La Folie

Die bestirnte Hirnschale
spuckt weiße Fäden in die Nacht,
ins taube Grab des Blutes:
fiebrig gellender Eulenschrei,
elektrische Pulse zucken zusammen
Augenbälle hinter geschlossenen Lidern
Leben und Tode rasen vorbei

VI. Unvergeben
2007-2009

Verzeih mir

Ich bin so vieles nicht geworden.

Und gibt es einen Gott,
so sage ich:
verzeih mir.
Ich habe deine Gaben
zu wenig, und das heißt schlecht,
viel zu schlecht genutzt.

Ja, es gibt einen Gott,
sein Name ist immer:
Du.
Ich war Dir, Nächster,
zu wenig Auge, Hand, Ohr,
verzeih mir.

Doch träumen darf ich:
ich gebe die Möglichkeit zurück
dorthin, woher sie alle kommen,
hoffe auf eine bessere Verwendung
in einem schönen Mann oder einer Frau,
und fall ins Meer des Bilderlosen.
Zuletzt schwindet all das,
was mein Ich zu Tränen rührt:
der scheue Blick, den einer hatte,

als er mich umarmte am Bahnsteig,
mein Kätzchen, als es jung war,
und die Asche meines Sohnes.

Wie alle

Als kleines Kind
spielte ich auf dem Friedhof Verstecken
mit Nachbarn; grausam wie Kinder sind
wie alle

Ein Arm voll Rosen
lag später auf dem Grab und wartete auf mich
das glaubte ich; eitel wie Mädchen sind
wie alle

Zypressen stehen heute Spalier
Marmorplatten erinnern mich an Gesichter
geliebter Freunde; romantisch wie Frauen sind
wie alle

Ich frag mich manchmal
werd ich auf dem Dorotheenstädtischen Friedhof
liegen
mit pompösem Grabstein; bald vergessen sein
wie alle

Ja, ich frag mich auch
werd ich zurückgebracht ins Land meiner Mütter
oder zerfallen in fernfremder Erde
wie alle

Was war

Jeder sieht, was ist
doch ich erzähle euch, was war

die Schönheit mild wie Nausikaa
der Mut im eisernen Griff
vergangen bei schlagendem Herz

die Helden von gestern
unter uns wie Monumente
gestorben in der eigenen Haut

Für den, dessen Hände ich nicht zu halten vermochte

Peter, es ist kalt.
Dein Winter ist geworden.

Mir wird kein Frühling mehr werden
kein Arm voll blauem Flieder
kein Jasmin duftend auf den Weg gestreut
kein würziger Wein aus den Fässern,
kein Blick aus deinem Auge
mit der Dunkelheit aller Glocken
über die Donau hinüber nach Pest
kein Wort in mythologischer Sprache
im Kreuzbogen des Bahnhofs.

Peter, es ist kalt.
Dein Winter ist geworden.

Winter fällt ins Blut wie Gift,
meins und deins, Budapest-Prag;
als ob ich sterben müsste
rückwärts durch die Bilder gehen
Tannenwälder tief, zwei Städte im Krieg,
in einem zersprengten Zeitalter
werden zwei in der Teinkirche getraut
sie trägt einen Schleier, er hat Angst
dichter Schnee pocht ans Fenster.

Peter, es ist kalt.
Dein Winter ist geworden.

Viel später
im Todesschoß Berlin
grüß ich deinen Hut;
du bist erfroren.

VII. Exil
2009

Genealogie, erzählt

Vertriebene sind wir.
Es ist Zeit, Wahres zu sagen.
Im Exil der Lüge, stundenweises Verwehen,
hat sich betäubender Staub in unsere Mundwinkel
gelegt.

Meine Großmutter war schön wie die Sonne
weiße Lilie gesät im Totenbeet der Marginaux-Linie,
ihr Bild, sepiadunkel, beschwört Pulverrauch:
Männer haben sich für sie erschossen, Krieg im
Krieg,
Neunzehnhundertwalpurgis.

Meine Mutter war geheimnisvoll vermögend,
beringte Hände wie Klammern um Verträge
geschleust durch das Nadelöhr zweier Nicht-Orte,
Papier wurde Land, „eh ich die Bürde der Schönheit
anlegte"
verbrannt im Jahr der Dirne, Dekade der
Vogelscheuche.

Ich bin die Letzte dreier Frauen mit
Dunkelblütenhaar,
Kameenprofile im I-Pod der Gegenwart
gespeichert,

mein Schoß ist tot vor Armut, Ende der Blutstrasse,
mein Erbe: jähes Aufschrecken in der Nacht,
unankommbar heute.

2009, Walpurgis noch immer:
das Unterste wird zuoberst gekehrt,
der Krebs, Todfeind des Wahren und Schönen,
frisst sich schwarz schwärend durch aller Städte
Elba.

Berlin

Chaplins Räder im Getriebe,
Döblins Alexanderplatz,
Zarah Leanders schöne Beine.
Kurt Tucholsky besingt
die ewig ferne Liebe –
vorbei, verweht,
nie wieder.

Unter Flaggen sitzt der Führer,
in „Kabale und Liebe"
krümmt sich der Wurm.
Vogel Tucholsky ist ausgeflogen,
mit ihm die ganze Schar –
vorbei, verweht,
nie wieder.

Lebendige Kulisse,
früher wie heute,
Zeitriss.

Berlin, nie eine Stadt,
stets ein Projekt,
abwärts.

Zuflucht der Flüchtigen,
Endstation der Ruhelosen,
Transfer der Toten.

Möchte einen Stein werfen,
mitten in die Mitte,
unzentrierter Moloch;
unmöglich:
der Horizont verfehlt sein Ziel,
und die Augen sinken,
die Flaggen verwehen,
ehe die blutige Lippe
den Boden berührt.

Ostberlin

Ich bin gern in Ostberlin
wie fremd das klingt:
ich bin
in Ostberlin

Es ist wie in Asien
alle Menschen sprechen eine Sprache
nicht meine
Gut-sprech

Im Haus des Terrors
spricht man mit gedämpfter Stimme
irgendein Band in der Mauer
zeichnet unser Flüstern auf

Mich tröstet das

Juli 2009, Paris-Berlin

Musik
spielte
in den Straßen

und ich
lief nicht
ans Fenster,
um zu sehen,
von wem.

Da wusste ich:
ich bin alt

Und ewig pfeilschnell rast die Zeit

2000-9
Die Dekade ist tot
sie kann nicht mehr sterben
geblendet ohne Bezauberung
blinder Pfeil
aus dem Zyklopenauge
abgeschossen
vom Millennium Murks
ins schwarze Zentrum
Prekariat

VIII. Asyl Sprache
1999-2009

Pagat

Mein Körper, ein Verräter
„unsicheres Subjekt“
von Spionen umzingelt
im Pupillen-Fadenkreuz
Augen der Verfolger
öffnet sich die Falltür
nach Innen

seile Ich ab

Unterschied

Ich habe gespielt
in Theatern und Universitäten,
wo ist der Unterschied?
In ersteren waren die Kostüme schöner,
die Weiber sahen alle besser aus als sonst,
und jeder suhlte sich genussvoll wie die Sau
im Substrat der Gier – pardon, der Kunst.
In letzteren waren die Texte schlechter,
kein Pathos fehlte, wohl aber die Vernunft,
zu wenig Hosenrollen gab es,
Frauen nur Dekorum und Statisten,
nicht einmal glanzvoll sterben durften sie,
im Bretterstall Theater war man da schon weiter.

Eitel ist alles,
und alle Eitelkeit klug,
wo ist der Unterschied?
Ist doch die schlechteste Maske besser
als das Blutgerüst Mensch, immer hungrig,
die billigste Tapete besser als die kahle Wand,
schrecklich mit Menetekel und sogar ohne,
die schwächste Sprechrolle bleibt erfreulicher
als das ewige Schweigen der unendlichen Räume.
Also prüfe ich die Worte in meinem Gaumen,
spitze den Mund, überschmink den Schädel
setze Scheinwerfer in die Augenhöhlen
und lackiere die Knochenhand, pink.

Dichter

Die Dichter lügen,
sie lügen schamlos,
übertreffen sich im Lügenspinnen,
und hinter ihren falschen Schirmen,
bemalt in Rosen- und Marzipanfarben,
nah bei den grauen Stadtruinen,
gescheitert von Potemkin, - rehabilitiert,
glänzt der Orden der Zarin als Wegmarke,
dort, wo es endlich dunkel wird,
wenn die Scheinwerfer verlöschen,
geht der Teufel mit Gretchen zu Bett.

L´ homme armé

L´homme armé doit on douter
on a fait partout crier
que chacqu´un se vigne armer
d´un haubregon de fer.
Guillaume Du Fay

Ich bin aufgewachsen mit der Lüge
Sprache sei zur Verständigung da
das Gegenüber, rational erreichbar,
ein Kulturmensch mit offenem Ohr,
Worte ein Weg vom Du zum Ich
mit goldenem Geländer.

Erwachsen erkenne ich die Illusion
im Glorienschein toter Dichter
die Lüge vom erreichbaren Anderen,
Sprache als Mittel zur Miss-Verständigung
wie Flut über Sandinschriften, Beile zum Holz,
ihr Schlagen zerhackt meine Pulse.

Waffenlos geh ich an keinen Ort mehr, wo Münder sind
fixiere den Feind und ziele auf seine Zunge

Gepanzerte Männer, speerbewehrte Frauen
die Rüstung verachtet Vernunft und Wissenschaft

„dann hab ich dich schon unbedingt"

Nur Mut

Nichts hat je Eingang gefunden in mein Ich
mein Herz, wird es gewogen, ist leicht
Thot runzelt die Augenbrauen
und zwinkert mir zu

Ich sticke Pfauenaugen auf mein Kleid
und will noch viele bronzene Tage
vorübertaumeln lassen
am unbeeindruckten Herz

enden, ja – kapitulieren: niemals

IX. Enden, endlich
2009

Verführung

Lass mich dein Tod sein
schlaf in meiner Dunkelheit
Dhurgas schwarzer Schlund
schluckt die Welt

Sterben

Sterben, schon im Leben
das heißt Alltag:
die Bürde der Geburt
eingeritzt in unsere Handflächen

Lachen, wenn am Morgen
eine Schwalbe über den Himmel zieht:
das ist Weisheit,
denn die Götter lachen auch

Keine Götter
retten Dich und mich
vor der welkenden Hülle
in der das Licht flackert

Abschied

Du bist gestorben tagelang
Dein liebesmüder Mund ist stumm,
kein Laut mehr, keine Klage.

Ich Witwe winde keine Kränze,
gebettet liegt verlassene Form –
Immortellenkreis meiner Augen.

Schlaf

„Ich erkenne die ruhelosen Geister
an der Anzahl der dunklen Gegenstände,
mit denen sie sich umgeben"
sagte Friedrich Nietzsche
oder war es die *hehre froûwe*,
Lou Andreas-Salomé?

Ich liebe das Licht,
bin nicht in Dunkelpause zu überführen,
doch meine Seele, müd und überwach,
braucht das Narkotikum der Träume
gesundet im Reich Todes Bruders,
wo alle sind.

Stummes Lied

Kein Ort
bietet meinem Skelett
ein Lager der Zuflucht.

Werde liegen
in Echos Schatten
erdrosselt im eigenen Haar.

Werde vergossen sein
abwärts aus dem Becher
wie ein Trank ins Nichts,

wo schwarzer Wein am Boden rollte

Bei jedem Schritt
spüre ich die Knochenzehen
in meinem Schuh

Endlich

Mein Grab ist leer,
ist köstlich leer,
mein Herz, wenn es das sagt,
ist froh.

Kein Du, kein Ich,
kein endliches Ich,
bin endlich aller Iche leer,
bin groß.

Ich brauch Dir keine Hand zu reichen,
Du brauchst kein Herz nach mir zu schicken,
Chimäre Welt liegt totenstarr,
und wir sind.

Für alles, was entsteht

gibt es nur zwei Rechtfertigungen:
Sinn und Form,
es ist dasselbe.

Essay: Selbstvergewisserung oder Untröstlichkeit? – W. B. Yeats: “To his heart, bidding it have no fear“ und Matthew Arnold: „Dover beach“

Angst in ihrer letzten, elementaren Form: als Angst vor dem Leben an sich, ist in ihrer emotionalen Darstellung ein bekanntes Thema der Dichtung, und ihre Begründbarkeit ist Gegenstand vieler philosophischer Dispute. Hier wie dort tauchen drei zentrale Fragen auf, die im engen Zusammenhang stehen: gibt es für Verzweifelte, nach Orientierung Tastende überhaupt Trost, gibt es Heimat in der Wirklichkeit, in der *Welt*, und hat man die Chance auf Gewissheit? William Butler Yeats und Matthew Arnolds kommen in zwei ihrer bekanntesten Gedichte zu sehr unterschiedlichen, optimistischen bis fatalistischen Folgerungen.

William Butler Yeats

To his heart, bidding it have no fear

Be you still, be you still,
trembling heart,
remember the wisdom
out of the old days:

Matthew Arnold

Dover beach

The sea of love
was once, too, at the full,
and round earth´s shore
lay like the folds of a
bright girdle furl´d.

Him who trembles before
the flame and the flood,
and the wind that blows
through the starry ways,
let the starry winds, the
flame and the flood
cover over and hide, for
you have no part
with the lonely, majestical
multitude.

(Sei still, sei still, mein
zitterndes Herz, / erinnere
dich an die Weisheit aus alter
Zeit: / Wer zittert vor der
Flamme und der Flutwelle, /
und den Windenböen durch
bestirnte Wege, / soll die
bestirnten Winde, die Flamme
und die Flut / sich
zurückziehen lassen, denn er
hat keinen Anteil / an der
einsamen, majestätischen
Vielheit.)

But now I only hear
its melancholy,
long, withdrawing roar
of the night-wind,
down the vast edges drear
and naked shingles of the
world.
Oh love, let us be true to
one another,
for this world which
seems
to lie before us like a land
of dreams,
so various, so beautiful
and new,
hath really neither joy, nor
love, nor light,
nor certitude, nor peace,
nor help for pain;
and we are here as on a
darkening plain
swept with confused
alarms of struggle and
flight,
where ignorant armies
clash by night.

(Der See des Glaubens / war

früher einmal hoch angefüllt, / und die Küste der Erde / lag da wie ein in Falten gelegter heller Gürtel. / Jetzt aber höre ich nur / die Schwermut, / das langgezogene, verebbende Grollen / des Nachtwindes, / und dort unten klafft die Leere / und die nackten Bruchstücke / der Welt. /
Oh Geliebte, lass uns ehrlich zueinander sein, / denn diese Welt, die scheinbar / vor uns liegt wie ein traumhaftes Land, / so bunt, so schön und neuerschaffen, / hat in Wahrheit weder Freude, noch Liebe, noch Licht, / noch Sicherheit, noch Frieden oder Hilfe in der Not, / und wir sind hier wie in einer dämmernden Ebene / überschwemmt mit verwirrten Kampf- und Fluchtrufen, / wo unwissende Armeen sich in der Nacht bekriegen.)

Yeats verbindet in seinem 1899 entstandenen Gedicht eine eindringliche Schilderung des Gefühlszustandes der Angst mit einem philosophischen Räsonnement. Das lyrische Ich sucht Trost bei sich selbst, nachdem es erkannt hat, dass die naturhafte Welt der Erscheinungen ihm durch ihre Unbeständigkeit keine endgültige Gewissheit vermitteln kann. Es tröstet sein Herz in einer sich wiederholenden, rhythmischen Sprechweise wie ein aufgewühltes kleines Kind, um es an eine alte Weisheit zu erinnern: nichts vermag Trost zu spenden als das Eigene, nichts Heimat zu geben als nur das innerste Ich.

Dieses Ich, das „Fünklein der Seele", von dem die Mystiker sprechen, ist im mystisch-monistischen Sinne nicht aus dem Kreislauf des Werdens und Vergehens entstanden, sondern ungeschaffen und ewig. Es ist in der Lage, alles Geschaffene und Endliche als etwas Fremdes von sich abzuweisen, das Geschaffene, das gerade aufgrund seiner unvereinbaren Fremdheit die persönliche Identität nicht bedrohen kann. Yeats vollzieht also mit der Abkehr vom momentanen Gefühl der Verzweiflung und des Ausgeliefertseins an die wechselhaften und bedrohlichen Erscheinungen der Lebenswelt eine Hinwendung zu einer plotinisch anmutenden Selbstvergewisserung, um die Unbegründetheit von Lebensangst zu rechtfertigen.

Arnold resigniert in seinem 1851 erstmals erschienenen Gedicht angesichts der scheinbaren

Übermacht jener materiellen Welt, die auch er als trügerisch und unbeständig erkannt hat. Die Liebe nimmt hier die Stelle einer Wahrheit stiftenden Instanz ein, die eine Illusionslosigkeit schaffen soll, die der Mensch in einer brüchigen Welt des Scheins so nicht vorfindet. In einem Ausbruch von wie verzweifelt hervorgestoßenen Worten zählt er geistiges Ideal und materielle Vergegenwärtigung in ihrer Bezuglosigkeit aufeinander auf, um mit einem fatalistischen Credo zu schließen: Ignoranz, Brutalität und Dunkelheit beherrschen die Welt und machen den Menschen, der weder sich selbst noch seinen Gegner erkennt, zu ihrem ohnmächtigen Spielball. Arnold geht also von denselben Prämissen aus wie Yeats, nur ist seine Folgerung eine ganz andere.

Hier wie dort gilt die Welt der Erscheinungen nicht als Trost, Heimat oder Gewissheit, doch während Yeats diese Erkenntnis als Ansporn zu einer letztlich beruhigenden Selbsterforschung im augustinischen Sinne: *noli foras ire, in te ipsum redi* (suche nicht Draußen, sondern gehe in dich), auffasst, versteht Arnolds seine Konsequenz im schonungslosen Aufdecken der Ungeborgenheit und einem radikalen Sich-Anheimgeben an sie.

Claudia Simone Dorchain